国家基本公共服务标准

（2023年版）

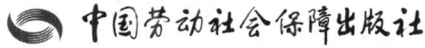

图书在版编目（CIP）数据

国家基本公共服务标准：2023年版. -- 北京：中国劳动社会保障出版社，2024
ISBN 978-7-5167-6283-7

Ⅰ.①国⋯　Ⅱ.　Ⅲ.①公共服务-标准-中国　Ⅳ.①D669.3-65

中国国家版本馆CIP数据核字（2024）第036424号

中国劳动社会保障出版社出版发行

（北京市惠新东街1号　邮政编码：100029）

*

北京市科星印刷有限责任公司印刷装订　新华书店经销
880毫米×1230毫米　32开本　2印张　27千字
2024年3月第1版　2024年3月第1次印刷
定价：20.00元

营销中心电话：400-606-6496
出版社网址：http://www.class.com.cn

版权专有　　侵权必究
如有印装差错，请与本社联系调换：（010）81211666
我社将与版权执法机关配合，大力打击盗印、销售和使用盗版图书活动，敬请广大读者协助举报，经查实将给予举报者奖励。
举报电话：（010）64954652

国家发展改革委等部门关于印发《国家基本公共服务标准（2023年版）》的通知

发改社会〔2023〕1072号

各省、自治区、直辖市人民政府，新疆生产建设兵团：

经国务院批复同意，现将《国家基本公共服务标准（2023年版）》（以下简称《国家标准2023》）印发给你们，请对照以下事项认真贯彻实施。

一、抓紧调整实施标准。各地要对照《国家标准2023》，结合本地实际，抓紧调整本地区基本公共服务实施标准，确保不低于国家标准。各地区实施标准要于今年12月底前印发实施，并及时向社会公布。

二、加强调整论证评估。各地要坚持尽力而为、量力而行，对于超出国家标准的新增服务项目、提高服务标准、扩大服务对象及增加服务内容等事项，要切实加强财政承受能力评估，履行相关审批程序，确保财力有保障、服务可持续。

三、做好事后报备工作。各地要在本地区实施标准印发后1个月之内，将超出《国家标准2023》规定的服务项目、服务标准、服务对象和服务内容等事项，向国家发展改革委、财政部及相关行业主管部门报备，说明超标事项的必要性、合理性和可行性。

四、确保服务有效落实。各地要加强人员、财力、设施等要素保障，强化公共服务供给能力建设，确保《国家标准2023》及本地区实施标准规定的服务项目落地落实，人民群众可获得、有感受。

五、加强标准监测评估。各地发展改革委要牵头会同相关行业主管部门，统筹做好本地区基本公共服务实施标准落实工作，适时组织实施情况的联合检查和效果评估，加强监测预警，重大情况及时向省（区、市）人民政府和国家发展改革委报告。

国家发展改革委

教育部

民政部

财政部

人力资源社会保障部

住房城乡建设部

文化和旅游部

国家卫生健康委

退役军人事务部

体育总局

2023年7月30日

国家基本公共服务标准
（2023年版）

目 录

一、幼有所育 ················· 6
1. 优孕优生服务 ············· 6
2. 儿童健康服务 ············· 9
3. 儿童关爱服务 ············· 10
二、学有所教 ················· 13
4. 学前教育助学服务 ········· 13
5. 义务教育服务 ············· 13
6. 普通高中助学服务 ········· 15
7. 中等职业教育助学服务 ····· 17
三、劳有所得 ················· 18
8. 就业创业服务 ············· 18
9. 工伤失业保险服务 ········· 25

四、病有所医 ······ 26

10. 公共卫生服务 ······ 26
11. 医疗保险服务 ······ 33
12. 计划生育扶助服务 ······ 35

五、老有所养 ······ 36

13. 养老助老服务 ······ 36
14. 养老保险服务 ······ 37

六、住有所居 ······ 39

15. 公租房服务 ······ 39
16. 住房改造服务 ······ 39

七、弱有所扶 ······ 41

17. 社会救助服务 ······ 41
18. 公共法律服务 ······ 46
19. 扶残助残服务 ······ 46

八、优军服务保障 ······ 52

20. 优军优抚服务 ······ 52

九、文体服务保障 ······ 55

21. 公共文化服务 ······ 55
22. 公共体育服务 ······ 58

一、幼有所育

1. 优孕优生服务

（1）农村免费孕前优生健康检查

服务对象：农村计划怀孕夫妇。

服务内容：免费为农村计划怀孕夫妇每孩次提供1次孕前优生健康检查。符合条件的流动人口计划怀孕夫妇，可在现居住地接受该项服务，享受与户籍人口同等待遇。

服务标准：按照《国家免费孕前优生健康检查项目试点工作技术服务规范（试行）》执行。

支出责任：中央财政和地方财政共同承担支出责任。

牵头负责单位：国家卫生健康委。

（2）孕产妇健康服务

服务对象：孕产妇。

服务内容：免费为孕产妇规范提供1次孕早期健康检查、2次孕中期健康检查、2次孕晚期健康检查、1次产后访视和健康指导、1次产后42天健康检查等服务。

服务标准：按照《国家基本公共卫生服务规范（第三版）》执行。

支出责任：中央财政和地方财政共同承担支出责任。

牵头负责单位：国家卫生健康委。

（3）增补叶酸预防神经管缺陷服务

服务对象：农村计划怀孕生育妇女。

服务内容：为准备怀孕的农村生育妇女在孕前3个月至孕早期3个月增补叶酸，并提供健康指导、追踪随访等服务。

服务标准：按照《新划入基本公共卫生服务相关工作规范（2019年版）》执行。

支出责任：中央财政和地方财政共同承担支出责任。

牵头负责单位：国家卫生健康委。

（4）基本避孕服务

服务对象：育龄夫妇。

服务内容：免费提供基本避孕药具和免费实施基本避孕手术。

服务标准：1. 免费基本避孕药具：在省级集中采购环节用于购买免费基本避孕药具；在省、市、县、乡各级存储和调拨环节主要用于药具运输、仓储设备购置和维护，仓储场地租用、质量抽查检测、记录等工作；在发放服务环节主要用于服务机构开展咨询指导、初诊排查、提供药具和信息登记等服务。2. 免费基本避孕手术和随访服务：免费基本避孕手术结算标准按照省级卫生健康行政部门、财政部门、发展改革部门和物价部门等印发的现行医疗服务价目执行，结算项目内容依据《临床诊疗指南与技术操作规范：计划生育分册（2017修订版）》和《绝经后宫内节育器取出技术指南》确定。

支出责任：基本避孕药具资金由中央财政和地方财政共同承担，用于避孕药具政府采购、存储和调拨、发放等服务。手术及技术常规所规定的各项医学检查经费由中央财政和地方财政共同承担。

牵头负责单位：国家卫生健康委。

（5）生育保险

服务对象：符合条件的参保缴费人员。

服务内容：符合条件的参保人员可按规定享受相应的生育津贴和生育医疗费用待遇。

服务标准：生育保险待遇标准按照《中华人民

共和国社会保险法》等有关规定执行。其中，生育津贴按职工所在用人单位上年度职工月平均工资计发。

支出责任：用人单位缴纳生育保险费。符合规定的参保人员享受生育保险待遇所需资金从职工基本医疗保险基金（含生育保险基金）中支付。

牵头负责单位：国家医保局。

2. 儿童健康服务

（6）预防接种

服务对象：0~6岁儿童。

服务内容：对适龄儿童按国家免疫规划疫苗免疫程序进行常规接种。

服务标准：按照《国家基本公共卫生服务规范（第三版）》《预防接种工作规范（2016年版）》执行。以乡镇（街道）为单位，适龄儿童免疫规划疫苗接种率达到90%以上。

支出责任：中央财政和地方财政共同承担支出责任。

牵头负责单位：国家卫生健康委、国家疾控局。

（7）儿童健康管理

服务对象：0~6岁儿童。

服务内容：为辖区内的常住0~6岁儿童提供13次（出院后1周内、满月、3月龄、6月龄、8月龄、12月龄、18月龄、24月龄、30月龄、3岁、4岁、5岁、6岁各一次）免费健康检查，具体包括：新生儿访视、新生儿满月健康管理，开展体格检查、生长发育和心理行为发育评估，听力、视力和口腔筛查，进行科学喂养（合理膳食）、生长发育、疾病预防、预防伤害、口腔保健等健康指导；为0~3岁儿童每年提供2次中医调养服务，向儿童家长教授儿童中医饮食调养、起居活动指导和摩腹捏脊穴位按揉方法。

服务标准：按照《国家基本公共卫生服务规范（第三版）》执行。

支出责任：中央财政和地方财政共同承担支出责任。

牵头负责单位：国家卫生健康委、国家中医药局。

3. 儿童关爱服务

（8）特殊儿童群体基本生活保障

服务对象：孤儿、艾滋病病毒感染儿童、事实无人抚养儿童。

服务内容：为孤儿、艾滋病病毒感染儿童发放基本生活费。为事实无人抚养儿童发放基本生活补贴。

服务标准：各省、自治区、直辖市按照保障孤儿的基本生活不低于当地平均生活水平的原则，合理确定孤儿基本生活标准。艾滋病病毒感染儿童基本生活费发放标准参照当地孤儿基本生活费标准，事实无人抚养儿童基本生活补贴标准按照与当地孤儿保障标准相衔接的原则确定。

支出责任：地方人民政府负责，中央财政适当补助。

牵头负责单位：民政部。

（9）困境儿童保障

服务对象：因家庭贫困导致生活、就医、就学等困难的儿童，因自身残疾导致康复、照料、护理和社会融入等困难的儿童，以及因家庭监护缺失或监护不当遭受虐待、遗弃、意外伤害、不法侵害等导致人身安全受到威胁或侵害的儿童。

服务内容：为困境儿童提供基本生活保障、基本医疗保障、教育保障，落实抚养监护责任。为残疾的困境儿童提供康复救助等福利服务。

服务标准：按照《国务院关于加强困境儿童保障工作的意见》及地方相关标准执行；困境儿童信息系统一季度更新一次；村（居）委会建立困境儿童信息台账，一人一档，村（居）委会儿童主任定期走访，并有详细走访记录。

支出责任：地方人民政府负责。

牵头负责单位：民政部。

（10）农村留守儿童关爱保护

服务对象：父母双方外出务工或一方外出务工另一方无监护能力、未满16周岁的农村户籍未成年人。

服务内容：指导落实家庭主体监护责任，提供家庭监护指导、心理关爱、行为矫治等服务。

服务标准：按照《国务院关于加强农村留守儿童关爱保护工作的意见》及地方相关标准执行，农村留守儿童信息系统一季度更新一次；村（居）委会建立农村留守儿童信息台账，一人一档，村（居）委会儿童主任定期走访，并有详细走访记录。

支出责任：地方人民政府负责。

牵头负责单位：民政部。

二、学有所教

4. 学前教育助学服务

（11）学前教育幼儿资助

服务对象：经县级以上教育行政部门审批设立的普惠性幼儿园在园家庭经济困难儿童、孤儿和残疾儿童。

服务内容：减免保教费、提供补助等。具体资助内容由地方人民政府结合本地实际确定。

服务标准：具体资助方式和资助标准由地方人民政府结合本地实际自行制定。

支出责任：按照《教育领域中央与地方财政事权和支出责任划分改革方案》执行。

牵头负责单位：教育部。

5. 义务教育服务

（12）义务教育阶段免除学杂费

服务对象：义务教育学生。

服务内容：免除义务教育学生学杂费。国家对义务教育阶段公办学校公用经费予以保障，对符合条件的民办学校公用经费给予补助。

服务标准：义务教育阶段生均公用经费基准定额为小学720元，初中940元；寄宿制学校公用经费按寄宿生数年生均增加300元；农村地区不足100人的规模较小学校按100人核定公用经费；特殊教育学校和随班就读残疾学生按每生每年6 000元标准补助公用经费。

支出责任：按照《教育领域中央与地方财政事权和支出责任划分改革方案》执行。

牵头负责单位：教育部。

（13）义务教育免费提供教科书

服务对象：义务教育学生。

服务内容：免费为义务教育学生提供国家规定课程教科书。免费为小学一年级学生提供正版学生字典。免费提供地方课程教科书。

服务标准：国家规定课程教科书补助标准为：小学每生每年105元、初中每生每年180元；小学一年级字典每生14元。地方课程教科书补助标准由各地政府规定。

支出责任：按照《教育领域中央与地方财政事权和支出责任划分改革方案》执行。

牵头负责单位：教育部。

（14）义务教育家庭经济困难学生生活补助

服务对象：义务教育家庭经济困难学生。

服务内容：对义务教育家庭经济困难学生提供生活补助。

服务标准：家庭经济困难寄宿生生活补助国家基础标准为每生每年小学1 000元，初中1 250元；按照国家基础标准50%核定家庭经济困难非寄宿生生活补助标准。

支出责任：按照《教育领域中央与地方财政事权和支出责任划分改革方案》执行。

牵头负责单位：教育部。

（15）农村义务教育学生营养膳食补助

服务对象：欠发达地区农村义务教育学生。

服务内容：为农村义务教育学生营养改善计划实施地区学生提供营养膳食补助。

服务标准：国家基础标准为每生每天5元。

支出责任：按照《教育领域中央与地方财政事权和支出责任划分改革方案》执行。

牵头负责单位：教育部。

6. 普通高中助学服务

（16）普通高中国家助学金

服务对象：具有正式学籍的普通高中在校生中的家庭经济困难学生。

服务内容：为普通高中在校生中的家庭经济困难学生提供国家助学金。

服务标准：平均资助标准为每生每年2 000元。地方可以按《学生资助资金管理办法》相关规定，结合实际在1 000~3 000元范围内确定具体标准，可以分为2~3档。

支出责任：按照《教育领域中央与地方财政事权和支出责任划分改革方案》执行。

牵头负责单位：教育部。

(17) 普通高中免学杂费

服务对象：具有正式学籍的普通高中建档立卡等家庭经济困难学生（含非建档立卡的家庭经济困难残疾学生、农村最低生活保障家庭学生、农村特困救助供养学生）。

服务内容：免除符合条件的普通高中家庭经济困难学生学杂费。

服务标准：免学杂费标准按各省级人民政府及其价格、财政主管部门批准的学费标准执行（不含住宿费）。对在政府教育行政部门依法批准的民办普通高中就读的符合免学杂费政策条件的学生，按照当地同类型公办普通高中免除学杂费标准给予补助。

支出责任：按照《教育领域中央与地方财政事权和支出责任划分改革方案》执行。

牵头负责单位：教育部。

7. 中等职业教育助学服务

（18）中等职业教育国家助学金

服务对象：中等职业学校全日制学历教育正式学籍一、二年级在校涉农专业学生和非涉农专业家庭经济困难学生；11个原集中连片特困地区和西藏、四省涉藏州县、新疆南疆四地州中等职业学校农村（不含县城）学生。

服务内容：为符合条件的中等职业教育在校生提供国家助学金。

服务标准：平均资助标准为每生每年2 000元。地方可以按《学生资助资金管理办法》相关规定，结合实际在1 000~3 000元范围内确定具体标准，可以分为2~3档。

支出责任：按照《教育领域中央与地方财政事权和支出责任划分改革方案》执行。

牵头负责单位：教育部、人力资源社会保障部。

(19) 中等职业教育免除学费

服务对象：中等职业学校全日制学历教育正式学籍一、二、三年级在校生中所有农村（含县镇）学生、城市涉农专业学生和家庭经济困难学生、民族地区学校就读学生和戏曲表演专业学生（其他艺术类相关表演专业学生除外）。

服务内容：免除符合条件的中等职业教育在校生学费。

服务标准：按各级人民政府及其价格、财政主管部门批准的公办学校学费标准执行（不含住宿费）。

支出责任：按照《教育领域中央与地方财政事权和支出责任划分改革方案》执行。

牵头负责单位：教育部、人力资源社会保障部。

三、劳有所得

8. 就业创业服务

(20) 就业信息服务

服务对象：有就业创业需求的劳动年龄人口。

服务内容：提供就业创业和劳动用工政策法规

咨询;发布人力资源供求、市场工资价位、职业培训、见习岗位等信息。

服务标准:按照《公共就业服务总则》《人力资源社会保障部　国家发展改革委　财政部关于推进全方位公共就业服务的指导意见》等公共就业服务标准和要求执行。

支出责任:地方人民政府负责。

牵头负责单位:人力资源社会保障部。

(21) 职业介绍、职业指导和创业开业指导

服务对象:有就业创业需求的劳动年龄人口。

服务内容:为有求职需求的劳动者提供求职登记、岗位推荐、招聘会等服务;对有创业需求的劳动者提供创业开业指导等服务。

服务标准:按照《公共就业服务总则》《职业指导服务规范》《高校毕业生就业指导服务规范》《职业介绍服务规范》《现场招聘会服务规范》《人力资源社会保障部　国家发展改革委　财政部关于推进全方位公共就业服务的指导意见》等公共就业服务标准和要求执行。

支出责任:地方人民政府负责。

牵头负责单位:人力资源社会保障部。

（22）就业登记与失业登记

服务对象：劳动年龄内的劳动者。

服务内容：为实现就业的劳动者提供就业登记服务。为劳动年龄内、有劳动能力、有就业要求、处于无业状态的城乡劳动者提供失业登记服务。

服务标准：按照《公共就业服务总则》《就业登记管理服务规范》《失业登记管理服务规范》《人力资源社会保障部　国家发展改革委　财政部关于推进全方位公共就业服务的指导意见》等文件和国家标准要求执行。

支出责任：地方人民政府负责。

牵头负责单位：人力资源社会保障部。

（23）流动人员人事档案管理服务

服务对象：非公有制经济组织和社会组织聘用人员，辞职辞退、解除（终止）聘用（劳动）合同、取消录（聘）用、被开除等与用人单位解除或终止人事（劳动）关系的未就业的原机关公务员、国有企事业单位的管理人员和专业技术人员、军队文职人员；未就业的高校毕业生及中专毕业生，自费出国留学及其他因私出国（境）人员、外国企业常驻代表机构的中方雇员，自由职业或灵活就业人员，其他实行社会管理人员。

服务内容：提供流动人员人事档案的接收和转递，档案材料的收集、鉴别和归档，档案的整理和保管，为符合相关规定的单位提供档案查（借）阅服务；依据档案记载出具存档、经历、亲属关系等相关证明；为相关单位提供入党、参军、录用、出国（境）等政审（考察）服务；党员组织关系的接转服务。

服务标准：按照《流动人员人事档案管理服务规定》《中共中央组织部　人力资源社会保障部等五部门关于进一步加强流动人员人事档案管理服务工作的通知》《人力资源社会保障部办公厅关于简化优化流动人员人事档案管理服务的通知》《人力资源社会保障部办公厅关于加快推进流动人员人事档案信息化建设的指导意见》《流动人员人事档案管理服务规范》等文件和国家标准要求执行。

支出责任：国务院有关部门所属人力资源服务机构开展流动人员人事档案管理服务所需经费由中央财政按规定予以补助，其余由地方人民政府负责。

牵头负责单位：人力资源社会保障部。

（24）就业见习服务

服务对象：离校 2 年内未就业高校毕业生，16~24 岁失业青年。

服务内容：为有见习意愿的离校未就业高校毕业生和失业青年提供见习岗位；为见习人员提供基本生活补助，并办理人身意外伤害保险。

服务标准：按照《国务院关于做好当前和今后一个时期促进就业工作的若干意见》《人力资源社会保障部　教育部　科技部　工业和信息化部等十部门关于实施百万就业见习岗位募集计划的通知》《就业补助资金管理办法》等文件要求执行。

支出责任：见习人员基本生活补助所需资金由见习单位和地方人民政府分担，中央财政适当补助。

牵头负责单位：人力资源社会保障部。

(25) 就业援助

服务对象：就业困难人员和零就业家庭。

服务内容：提供政策咨询、职业指导、职业介绍、职业技能培训等服务。对通过市场渠道难以实现就业创业且符合条件的，通过公益性岗位予以安置。

服务标准：按照《就业援助服务规范》《人力资源社会保障部　国家发展改革委　财政部关于推

进全方位公共就业服务的指导意见》《就业补助资金管理办法》等公共就业服务标准执行。零就业家庭动态"清零"。

支出责任：地方人民政府负责，中央财政适当补助。

牵头负责单位：人力资源社会保障部。

（26）职业技能培训、鉴定和生活费补贴

服务对象：参加培训并符合条件的城乡各类劳动者。

服务内容：对参加培训并符合条件的城乡各类劳动者，按规定给予职业培训补贴、职业技能鉴定补贴和生活费补贴。

服务标准：具体补贴标准由各地人民政府明确。

支出责任：中央财政与地方财政共同承担支出责任，中央分担比例主要依据地方财力状况、保障对象数量等因素确定。

牵头负责单位：人力资源社会保障部。

（27）"12333"人力资源和社会保障电话服务

服务对象：所有单位和个人。

服务内容：为社会公众提供人力资源和社会保障领域的政策咨询、信息查询、信息公开、业务办理和投诉举报等服务。

服务标准：人工服务为每周 5×8 小时，自助语音服务为每周 7×24 小时，综合接通率达到 80%以上。

支出责任：地方人民政府负责。

牵头负责单位：人力资源社会保障部。

（28）劳动关系协调

服务对象：用人单位及所有劳动者。

服务内容：提供劳动关系法规政策咨询、劳动用工、薪酬以及劳动关系矛盾纠纷化解等方面指导，提供劳动合同、集体合同示范文本和企业薪酬分配指引等服务。

服务标准：提供劳动合同、集体合同示范文本和薪酬分配指引。定期发布有关工资信息。免费提供企业工资指导线等信息。

支出责任：地方人民政府负责。国务院有关部门组织开展的企业薪酬调查和信息发布工作所需经费由中央财政予以补助，其余由地方人民政府负责。

牵头负责单位：人力资源社会保障部。

（29）劳动用工保障

服务对象：用人单位和劳动者。

服务内容：提供劳动人事争议调解仲裁和劳动保障监察执法维权等服务。

服务标准：按照《中华人民共和国劳动争议调解仲裁法》《劳动人事争议仲裁办案规则》《劳动保障监察条例》《关于实施〈劳动保障监察条例〉若干规定》执行。

支出责任：地方人民政府负责。

牵头负责单位：人力资源社会保障部。

9. 工伤失业保险服务

（30）失业保险

服务对象：依法参保并足额缴纳失业保险费的用人单位及其职工、失业人员。

服务内容：为符合条件的用人单位、职工、失业人员发放失业保险待遇。

服务标准：相关费用标准和具体方案由各省、自治区、直辖市确定。

支出责任：地方人民政府负责，在失业保险基金中支出。

牵头负责单位：人力资源社会保障部。

（31）工伤保险

服务对象：符合条件的参保缴费人员。具体人员范围按照《工伤保险条例》等有关规定确定。

服务内容：提供参保经办服务。符合条件的参保人员可按规定享受相应的工伤保险待遇，具体保障内容按照《中华人民共和国社会保险法》和《工伤保险条例》等有关规定执行。

服务标准：工伤保险待遇标准按照《中华人民共和国社会保险法》和《工伤保险条例》等有关规定执行。

支出责任：用人单位缴纳工伤保险费，个人不缴费。符合条件的参保人员享受工伤保险待遇所需资金按规定从工伤保险基金中支付或由用人单位支付。

牵头负责单位：人力资源社会保障部。

四、病有所医

10. 公共卫生服务

（32）建立居民健康档案

服务对象：城乡居民。

服务内容：为辖区内常住居民（指居住半年以上的户籍及非户籍居民）建立统一、规范的电子居民健康档案。

服务标准：按照《国家基本公共卫生服务规范（第三版）》执行。

支出责任：中央财政和地方财政共同承担支出责任。

牵头负责单位：国家卫生健康委。

（33）健康教育与健康素养促进

服务对象：城乡居民。

服务内容：提供健康教育、健康咨询、健康科普等服务。每年发布全国居民健康素养水平和中医药健康文化素养水平数据。

服务标准：按照《国家基本公共卫生服务规范（第三版）》执行。

支出责任：中央财政和地方财政共同承担支出责任。

牵头负责单位：国家卫生健康委、国家中医药局、国家疾控局。

（34）传染病及突发公共卫生事件报告和处理

服务对象：法定传染病病人、疑似病人、密切接触者和突发公共卫生事件伤病员及相关人群。

服务内容：及时发现、登记、报告及处理就诊的传染病病例和疑似病例以及突发公共卫生事件伤病员，提供传染病防治和突发公共卫生事件防范知识宣传与咨询服务。

服务标准：按照《国家基本公共卫生服务规范(第三版)》《传染病疫情报告管理规范（2015版）》《全国传染病信息报告管理工作技术指南（2016年版)》等执行。不得瞒报、漏报、迟报法律法规规定必须报告的传染病。

支出责任：中央财政和地方财政共同承担支出责任。

牵头负责单位：国家卫生健康委、国家疾控局。

(35) 卫生监督协管服务

服务对象：城乡居民。

服务内容：为辖区内居民提供食源性疾病及相关信息报告、饮用水卫生安全巡查、学校卫生服务、职业卫生监督协管服务、非法行医和非法采供血巡查、计划生育信息报告等服务。

服务标准：按照《国家基本公共卫生服务规范(第三版)》《职业卫生监督协管服务技术规范》执行。

支出责任：中央财政和地方财政共同承担支出

责任。

牵头负责单位：国家卫生健康委、国家疾控局。

（36）慢性病患者健康管理

服务对象：辖区内原发性高血压患者和 2 型糖尿病患者。

服务内容：为辖区内 35 岁及以上常住居民中原发性高血压患者和 2 型糖尿病患者提供筛查、随访评估、分类干预、健康体检服务。

服务标准：按照《国家基本公共卫生服务规范（第三版）》《国家基层高血压防治管理指南》和《国家基层糖尿病防治管理指南》执行。

支出责任：中央财政和地方财政共同承担支出责任。

牵头负责单位：国家卫生健康委。

（37）地方病患者健康管理

服务对象：现症地方病病人。

服务内容：为辖区内大骨节病、克山病、氟骨症、地方性砷中毒、克汀病、二度及以上甲状腺肿大、慢性和晚期血吸虫病患者建立健康档案，进行社区管理。

服务标准：对慢型克山病患者每 3 个月随访

1次,对大骨节病、氟骨症、地方性砷中毒、克汀病、二度及以上甲状腺肿大、慢性和晚期血吸虫病患者每年随访1次。

支出责任:地方人民政府负责,中央财政适当补助。

牵头负责单位:国家疾控局。

(38) 严重精神障碍患者健康管理

服务对象:严重精神障碍患者。

服务内容:为辖区内常住居民中诊断明确、在家居住的严重精神障碍患者提供登记管理、随访评估、分类干预等服务。

服务标准:按照《国家基本公共卫生服务规范(第三版)》执行。

支出责任:中央财政和地方财政共同承担支出责任。

牵头负责单位:国家卫生健康委。

(39) 结核病患者健康管理

服务对象:辖区内确诊的常住肺结核患者。

服务内容:为辖区内确诊的常住肺结核患者提供密切接触者筛查及推介转诊、入户随访、督导服药、结果评估、分类干预等服务。

服务标准：按照《国家基本公共卫生服务规范（第三版）》《中国结核病预防控制工作技术规范（2020年版)》执行。

支出责任：中央财政和地方财政共同承担支出责任。

牵头负责单位：国家卫生健康委、国家疾控局。

(40) 艾滋病病毒感染者和病人随访管理

服务对象：艾滋病病毒感染者和病人。

服务内容：提供健康咨询、行为干预、配偶/固定性伴检测、随访、督导服药等服务，配合相关机构做好转介。

服务标准：按照《艾滋病病毒感染者随访工作指南（2016年版)》执行。

支出责任：中央财政承担。

牵头负责单位：国家疾控局。

(41) 社区易感染艾滋病高危行为人群干预

服务对象：易感染艾滋病高危行为人群。

服务内容：为艾滋病性传播高危行为人群提供艾滋病预防、性与生殖健康知识，推广使用安全套，提供艾滋病、性病咨询检测等综合干预措施。

服务标准：按照《异性性传播高危人群预防艾

滋病干预工作指南（2016年版）》和《男男性行为人群预防艾滋病干预工作指南（2016年版）》执行。

支出责任：中央财政承担。

牵头负责单位：国家疾控局。

（42）基本药物供应保障服务

服务对象：城乡居民。

服务内容：遴选适当数量的基本药物品种，满足疾病防治基本用药需求。基本药物按照规定优先纳入基本医疗保险药品目录。提高基本药物供给能力。

服务标准：按照《国家基本药物目录》及国家相关规定执行。

支出责任：地方人民政府负责，中央财政适当补助。

牵头负责单位：国家卫生健康委、国家医保局。

（43）食品药品安全保障

服务对象：城乡居民。

服务内容：提供食品安全风险监测、标准跟踪评价等服务。对食品药品医疗器械实施风险分级分类管理。

服务标准：按照《中华人民共和国食品安全

法》《中华人民共和国药品管理法》《医疗器械监督管理条例》等法律法规及食品、药品安全监管部门相关规定执行。

支出责任：中央和地方人民政府分级分类负责。

牵头负责单位：市场监管总局、国家卫生健康委、国家药监局。

11．医疗保险服务

（44）职工基本医疗保险

服务对象：符合条件的参保缴费人员。具体人员范围按照《中华人民共和国社会保险法》和《国务院关于建立城镇职工基本医疗保险制度的决定》等有关规定确定。

服务内容：符合条件的参保人员可按规定享受相应的医疗保险待遇，具体保障内容按照《中华人民共和国社会保险法》和《国务院关于建立城镇职工基本医疗保险制度的决定》等有关规定执行。

服务标准：待遇标准按照《中华人民共和国社会保险法》和《国务院关于建立城镇职工基本医疗保险制度的决定》等有关规定执行。

支出责任：由用人单位和职工共同缴费。符合规定的参保人员享受职工基本医疗保险待遇所需资金从职工基本医疗保险基金中支付。

牵头负责单位：国家医保局。

（45）城乡居民基本医疗保险

服务对象：符合条件的参保缴费城乡居民。具体人员范围按照《中华人民共和国社会保险法》和《国务院关于整合城乡居民基本医疗保险制度的意见》等有关规定确定。

服务内容：提供参保经办服务。符合条件的参保人员可按规定享受相应的城乡居民基本医疗保险和大病保险待遇，具体保障内容按照《中华人民共和国社会保险法》《国务院关于整合城乡居民基本医疗保险制度的意见》和《发展改革委等六部门关于开展城乡居民大病保险工作的指导意见》等有关规定执行。

服务标准：待遇标准按照《中华人民共和国社会保险法》和《国务院关于整合城乡居民基本医疗保险制度的意见》等有关规定执行。

支出责任：城乡居民基本医疗保险实行个人缴费和政府补贴相结合，各级人民政府按规定对参保城乡居民予以缴费补助。城乡居民医保补助为中央与地方共同财政事权，中央财政按照国家规定补助标准和分档分担办法安排补助资金。为参保人员提供基本医疗保障所需资金从城乡居民基本医疗保险基金中支出。

牵头负责单位：国家医保局、税务总局。

12. 计划生育扶助服务

（46）农村符合条件的计划生育家庭奖励扶助

服务对象：只有一个子女或两个女孩的农村部分计划生育家庭夫妇。

服务内容：为符合条件的农村部分计划生育家庭夫妇发放奖励扶助金。

服务标准：符合条件的农村部分计划生育家庭夫妇每人每月80元。

支出责任：中央财政和地方财政共同承担支出责任。

牵头负责单位：国家卫生健康委。

（47）计划生育家庭特别扶助

服务对象：独生子女伤残死亡家庭夫妇和三级以上计划生育手术并发症人员。

服务内容：为符合条件的计划生育特殊家庭夫妇和三级以上计划生育手术并发症人员提供特别扶助金。

服务标准：独生子女死亡家庭夫妇每人每月发放590元；独生子女伤残家庭夫妻每人每月发放460元；一级、二级、三级计划生育手术并发症人员每人每月分别发放520元、390元、260元。

支出责任：中央财政和地方财政共同承担支出责任。

牵头负责单位：国家卫生健康委。

五、老有所养

13. 养老助老服务

（48）老年人健康管理

服务对象：65岁及以上老年人。

服务内容：每年为辖区内65岁及以上常住居民提供1次生活方式和健康状况评估、体格检查、辅助检查和健康指导等服务；每人每年提供1次中医体质辨识和中医药保健指导。

服务标准：按照《国家基本公共卫生服务规范（第三版）》执行。

支出责任：中央财政和地方财政共同承担支出责任。

牵头负责单位：国家卫生健康委、国家中医药局。

（49）老年人福利补贴

服务对象：符合条件的老年人。

服务内容：为65岁及以上的老年人提供能力综合评估，做好老年人能力综合评估与健康状况评估的衔接。为经济困难的老年人提供养老服务补贴。为经认定生活不能自理的经济困难老年人提供护理补贴。为80岁以上老年人发放高龄津贴。

服务标准：具体认定评估办法及补贴标准由各地人民政府明确。

支出责任：地方人民政府负责。

牵头负责单位：民政部。

14. 养老保险服务

（50）职工基本养老保险

服务对象：符合条件的参保退休人员。

服务内容：按时足额发放基本养老金。

服务标准：按照《国务院关于完善企业职工基本养老保险制度的决定》《国务院关于机关事业单位工作人员养老保险制度改革的决定》及国家有关规定执行。

支出责任：在基本养老保险基金中支出，基本养老保险基金出现支付不足时，政府给予补贴。

牵头负责单位：人力资源社会保障部。

(51) 城乡居民基本养老保险

服务对象：符合条件的参保城乡居民。

服务内容：为符合条件的参保对象提供参保经办服务，给予缴费补贴，发放基础养老金和个人账户养老金。

服务标准：按照《国务院关于建立统一的城乡居民基本养老保险制度的意见》《人力资源社会保障部 财政部关于建立城乡居民基本养老保险待遇确定和基础养老金正常调整机制的指导意见》执行。

支出责任：城乡居民基本养老保险基金主要由个人缴费、集体补助、政府补贴构成。政府对符合条件的参保人员全额支付基础养老金，其中，中央财政对中西部地区按国家确定的基础养老金最低标准给予全额补助，对东部地区给予50%补助。地方人民政府应当对参保人缴费给予补贴，并根据当地实际提高基础养老金标准，对长期缴费的，适当加发年限基础养老金。个人账户养老金由个人账户基金支出，基金出现支付不足时，政府给予补贴。

牵头负责单位：人力资源社会保障部、税务总局。

六、住 有 所 居

15. 公租房服务

（52）公租房保障

服务对象：符合当地规定条件的城镇住房、收入困难家庭。

服务内容：提供租赁补贴或实物保障。

服务标准：具体标准由市、县级人民政府确定。

支出责任：市、县级人民政府负责，引导社会资金投入，省级人民政府给予资金支持，中央财政给予资金补助。

牵头负责单位：住房城乡建设部。

16. 住房改造服务

（53）城镇棚户区住房改造

服务对象：棚户区居民。

服务内容：提供实物安置或货币补偿。

服务标准：具体标准由市、县级人民政府确定。

支出责任：市、县级人民政府负责，引导社会资金投入，省级人民政府给予资金支持，中央给予资金补助。

牵头负责单位：住房城乡建设部。

（54）农村危房改造

服务对象：居住在危房中的农村易返贫致贫户、农村低保户、农村分散供养特困人员、因病因灾因意外事故等刚性支出较大或收入大幅缩减导致基本生活出现严重困难家庭，农村低保边缘家庭和未享受过农村住房保障政策支持且依靠自身力量无法解决住房安全问题的其他脱贫户。

服务内容：提供危房改造补助，帮助居住在危房中的农村低收入群体解决住房安全问题。

服务标准：由地方结合实际制定标准。

支出责任：地方人民政府负责，地方财政补助和个人自筹相结合，中央财政安排补助资金给予支持。

牵头负责单位：住房城乡建设部。

七、弱有所扶

17. 社会救助服务

（55）最低生活保障

服务对象：共同生活的家庭成员人均收入低于当地最低生活保障标准，且符合当地最低生活保障家庭财产状况规定的家庭。

服务内容：为低保对象发放最低生活保障金。对获得最低生活保障金后生活仍有困难的老年人、未成年人、重度残疾人和重病患者，采取必要措施给予生活保障。

服务标准：按照《社会救助暂行办法》相关规定执行。最低生活保障标准，由省、自治区、直辖市或者设区的市级人民政府按照当地居民生活必需的费用确定、公布，并根据当地经济社会发展水平和物价变动情况适时调整。

支出责任：地方人民政府负责，中央财政适当补助。

牵头负责单位：民政部。

（56）特困人员救助供养

服务对象：无劳动能力、无生活来源且无法定赡养、抚养、扶养义务人，或者其法定义务人无赡养、抚养、扶养能力的老年人、残疾人以及未成年人。

服务内容：提供基本生活条件；对生活不能自理的给予照料；提供疾病治疗；以减免费用或补贴方式提供遗体接运、暂存、火化、骨灰寄存等基本殡葬服务。

服务标准：按照《社会救助暂行办法》相关规定执行。特困供养标准由省、自治区、直辖市或者设区的市级人民政府确定、公布。

支出责任：地方人民政府负责，中央财政适当补助。

牵头负责单位：民政部。

（57）医疗救助

城乡医疗救助

服务对象：最低生活保障家庭成员、特困人员、低保边缘家庭成员和纳入监测范围的农村易返贫致贫人口，因高额医疗费用支出导致家庭基本生活出现严重困难的大病患者以及县级以上地方人民政府规定的符合医疗救助条件的其他特殊困难人员。

服务内容：按规定对符合条件的救助对象参加城乡居民医保个人缴费给予分类资助。对救助对象在定点医药机构发生的住院费用、因慢性病需长期服药或患重特大疾病需长期门诊治疗的费用给予住院和门诊救助。

服务标准：具体标准由各地依据《国务院办公厅关于健全重特大疾病医疗保险和救助制度的意见》等有关规定，根据本地区经济社会发展水平、救助对象健康需求以及家庭困难情况、医疗救助基金支撑能力等因素合理设定。

支出责任：各项救助所需资金由城乡医疗救助基金支出。各级财政安排资金对城乡医疗救助基金予以补助，并通过慈善和社会捐助等多渠道筹集资金。中央财政和地方财政共同承担支出责任。

牵头部门：国家医保局。

疾病应急救助

服务对象：在中国境内发生急重危伤病、需要急救但身份不明确或无力支付相应费用的患者。具体人员范围按照《国务院办公厅关于建立疾病应急救助制度的指导意见》等有关规定确定。

服务内容：给予紧急救治服务。

服务标准：按照医疗服务机构诊疗规范执行。

支出责任：医疗机构对其紧急救治所发生的费用，可向疾病应急救助基金申请补助。地方人民政府分级设立疾病应急救助基金，通过财政投入和社会各界捐助等多渠道筹集资金。各级财政安排资金对疾病应急救助基金予以补助，由中央财政与地方财政共同承担支出责任。

牵头负责单位：国家卫生健康委。

（58）临时救助

服务对象：因火灾、交通事故等意外事件，或家庭成员突发重大疾病等原因，导致基本生活暂时出现严重困难的家庭；因生活必需支出突然增加超出家庭承受能力，导致基本生活暂时出现严重困难的最低生活保障家庭；遭遇其他特殊困难的家庭。因遭遇火灾、交通事故、突发重大疾病或其他特殊困难，暂时无法得到家庭支持，导致基本生活陷入困境的个人。

服务内容：为救助对象发放临时救助金；对有需要的救助对象发放衣物、食品、饮用水，提供临时住所；对给予临时救助金、实物救助后，仍不能解决临时救助对象困难的，可分情况提供转介服务。

服务标准：按照《社会救助暂行办法》相关规定执行。临时救助的具体事项、标准，由县级以上地方人民政府确定、公布。

支出责任：地方人民政府负责，中央财政适当补助。

牵头负责单位：民政部。

（59）受灾人员救助

服务对象：基本生活受到自然灾害严重影响的人员。

服务内容：及时为本辖区内受灾人员提供必要的食品、饮用水、衣被、取暖、临时住所、医疗防疫等应急救助；对因灾房屋倒塌或严重损坏需恢复重建的无房可住人员，因次生灾害威胁在外安置无法返家人员，因灾损失严重、缺少生活来源的受灾人员进行过渡期生活救助；及时核定本辖区内居民住房恢复重建补助对象，并给予资金、物资等救助；为自然灾害发生后的当年冬季、次年春季遇到基本生活困难的受灾人员提供基本生活救助。

服务标准：按照《自然灾害救助条例》等相关规定执行。

支出责任：国家启动应急响应的特别重大自然

灾害救灾，由中央财政和地方财政共同承担支出责任，中央财政按标准安排资金。其他自然灾害救灾，由地方财政承担支出责任。

牵头负责单位：应急管理部。

18. 公共法律服务

（60）法律援助

服务对象：经济困难公民和符合法定条件的其他当事人。

服务内容：法律咨询；代拟法律文书；刑事辩护与代理；民事案件、行政案件、国家赔偿案件的诉讼代理及非诉讼代理；值班律师法律帮助；劳动争议调解与仲裁代理；法律、法规、规章规定的其他形式。

服务标准：按照《中华人民共和国法律援助法》《全国民事行政法律援助服务规范》《全国刑事法律援助服务规范》等相关规定执行。

支出责任：由地方人民政府负责支付法律援助补贴等法律援助经费，中央财政给予适当补助。

牵头负责单位：司法部。

19. 扶残助残服务

（61）困难残疾人生活补贴和重度残疾人护理

补贴

服务对象:最低生活保障家庭中的残疾人,有条件的地方可扩大到低收入残疾人及其他困难残疾人;残疾等级被评定为一级、二级且需要长期照护的重度残疾人,有条件的地方可扩大到非重度智力、精神残疾人或其他残疾人。

服务内容:为最低生活保障家庭中的残疾人提供生活补贴。为残疾等级被评定为一级、二级且需要长期照护的重度残疾人提供护理补贴。

服务标准:按照《国务院关于全面建立困难残疾人生活补贴和重度残疾人护理补贴制度的意见》《民政部 财政部 中国残联关于建立困难残疾人生活补贴和重度残疾人护理补贴标准动态调整机制的指导意见》执行。两项补贴标准由省级人民政府根据经济社会发展水平和残疾人生活保障需求、长期照护需求统筹确定,并适时调整。有条件的地方可以按照残疾人的不同困难程度制定分档补贴标准。

支出责任:地方人民政府负责,中央财政适当补助。

牵头负责单位:民政部、中国残联。

(62)无业重度残疾人最低生活保障

服务对象：生活困难、靠家庭供养且无法单独立户的成年无业重度残疾人。

服务内容：符合条件的对象，经个人申请，可按照单人户纳入最低生活保障范围。

服务标准：最低生活保障标准，由省、自治区、直辖市或者设区的市级人民政府按照当地居民生活必需的费用确定、公布，并根据当地经济社会发展水平和物价变动情况适时调整。

支出责任：地方人民政府负责，中央财政适当补助。

牵头负责单位：民政部、中国残联。

（63）残疾人托养服务

服务对象：就业年龄段智力、精神及重度肢体残疾人。

服务内容：为符合条件的残疾人提供护理照料、生活自理能力和社会适应能力训练、职业康复、劳动技能培训、辅助性就业等服务。

服务标准：按照《就业年龄段智力、精神及重度肢体残疾人托养服务规范》执行。

支出责任：地方人民政府负责，中央财政适当补助。

牵头负责单位：中国残联、民政部。

(64) 残疾人康复服务

服务对象：符合条件、有康复需求的持证残疾人；符合条件的0~6岁视力、听力、言语、肢体、智力等残疾儿童和孤独症儿童。

服务内容：提供康复医疗、康复训练、辅具适配、康复护理、专业心理服务、康复知识培训和专业指导等基本康复服务。为符合条件的残疾儿童提供以减轻功能障碍、改善功能状况、增强生活自理和社会参与能力为主要目的的手术、辅具适配和康复训练等服务。

服务标准：按照《残疾人基本康复服务目录(2019年版)》及中国残联相关服务规范执行。

支出责任：地方人民政府负责，中央财政适当补助。

牵头负责单位：中国残联、国家卫生健康委、民政部。

(65) 残疾儿童及青少年教育

服务对象：残疾儿童、青少年。

服务内容：为家庭经济困难的残疾学生提供包括义务教育、高中阶段教育在内的12年免费教育；

对残疾儿童普惠性学前教育予以资助；对残疾学生特殊学习用品、教育训练、交通费等予以补助。

服务标准：具体资助、补助标准由各地人民政府明确。

支出责任：地方人民政府负责，中央财政适当补助。

牵头负责单位：教育部、中国残联。

（66）残疾人职业培训和就业服务

服务对象：有就业创业培训需求的残疾人。

服务内容：为未就业残疾人提供就业技能培训，为在岗残疾人提供岗位技能提升培训或高技能人才培训，为有创业意愿并具备一定创业条件的残疾人提供创业培训，为高校残疾毕业生、残疾人高技能人才、贫困残疾人、残疾人创业带头人、残疾人非遗传承人等重点群体提供有针对性的培训服务。

服务标准：按照国家级残疾人职业技能培训基地服务规范、残疾人就业培训和岗位提供服务标准及地方人民政府有关规定执行。

支出责任：地方人民政府负责，中央财政适当补助。

牵头负责单位：中国残联、人力资源社会保

障部。

（67）残疾人文化体育服务

服务对象：残疾人。

服务内容：在电视台提供有字幕或手语的节目，在公共图书馆提供盲文和有声读物等阅读服务；为基层残疾人体育活动场所和残疾人综合服务设施配置适宜的器材器械，完善公共文化体育设施无障碍条件。

服务标准：省市级电视台按照《国家通用手语常用词表》开设手语节目或加配字幕；各级公共图书馆建立盲人阅览区域，公共图书馆与残疾人体育活动场所按照《公共图书馆建设标准》《无障碍设计规范》《建筑与市政工程无障碍通用规范》等执行。

支出责任：地方人民政府负责，中央财政适当补助。

牵头负责单位：中国残联、文化和旅游部、广电总局、中央宣传部、体育总局。

（68）残疾人和老年人家庭无障碍环境建设

服务对象：困难重度残疾人，纳入分散供养特困人员的高龄、失能、残疾老年人。

服务内容：分年度逐步为困难重度残疾人，纳入分散供养特困人员的高龄、失能、残疾老年人家庭提供无障碍改造服务。

服务标准：按照《无障碍设计规范》《建筑与市政工程无障碍通用规范》及相关技术方案执行。

支出责任：地方人民政府负责，中央财政适当补助。

牵头负责单位：民政部、住房城乡建设部、中国残联。

八、优军服务保障

20. 优军优抚服务

（69）优待抚恤

服务对象：现役军人、服现役或者退出现役的残疾军人以及复员军人、退伍军人、离退休军人、烈士遗属、因公牺牲军人遗属、病故军人遗属、现役军人家属。

服务内容：为符合条件人员发放抚恤金、优待金、生活补助或者给予其他优待。

服务标准：按照《军人抚恤优待条例》及国家

有关规定执行。

支出责任：中央财政和地方财政共同承担支出责任。

牵头负责单位：退役军人事务部。

（70）退役军人安置

服务对象：退役军人。

服务内容：自主择业、自主就业、自谋职业、复员、逐月领取退役金的，按规定享受扶持就业优惠政策；其他分别采取转业、安排工作、退休、供养等方式予以安置。

服务标准：按照《退役军人保障法》《军队转业干部安置暂行办法》《退役士兵安置条例》《退役军人逐月领取退役金安置办法》及国家有关规定执行。

支出责任：中央财政和地方财政共同承担支出责任。

牵头负责单位：退役军人事务部。

（71）退役军人就业创业服务

服务对象：退役军人。

服务内容：对有就业需求的退役军人，提供专场招聘服务，组织适应性培训、职业技能培训等，组织其中有创业意愿的，开展创业培训。

服务标准：县级以上地方人民政府每年至少组织2次退役军人专场招聘活动。适应性培训、职业技能培训、创业培训等按照《退役军人保障法》《退役士兵安置条例》及国家有关规定执行。

支出责任：中央财政和地方财政共同承担支出责任。

牵头负责单位：退役军人事务部、人力资源社会保障部。

（72）特殊群体集中供养

服务对象：老年、残疾或者未满16周岁的烈士遗属、因公牺牲军人遗属、病故军人遗属和进入老年的残疾军人、复员军人、退伍军人，无法定赡养人、扶养人、抚养人或者法定赡养人、扶养人、抚养人无赡养、扶养、抚养能力且享受国家定期抚恤补助待遇的，退出现役的一级至四级残疾军人需要长年医疗或者独身一人不便分散安置的。

服务内容：提供集中供养、医疗等保障。

服务标准：按照《军人抚恤优待条例》《光荣院管理办法》《优抚医院管理办法》等有关规定执行。

支出责任：中央财政和地方财政共同承担支出

责任。

牵头负责单位：退役军人事务部。

九、文体服务保障

21. 公共文化服务

（73）公共文化设施免费开放

服务对象：城乡居民。

服务内容：公共图书馆、文化馆（站）、公共博物馆（非文物建筑及遗址类）、公共美术馆等公共文化设施免费开放，基本服务项目健全。

服务标准：公共文化设施的开放时间，不得少于所在的省、自治区、直辖市规定的最低时限。国家法定节假日和学校寒暑假期间，应当适当延长开放时间。公共文化设施应按规定组织开展公共文化活动。

支出责任：中央财政和地方财政共同承担支出责任。

牵头负责单位：文化和旅游部、国家文物局。

（74）送戏曲下乡

服务对象：农村居民。

服务内容：为农村乡镇每年送戏曲等文艺演出。

服务标准：按照《关于戏曲进乡村的实施方案》规定执行。

支出责任：中央财政和地方财政共同承担支出责任。

牵头负责单位：文化和旅游部、教育部、中央宣传部。

（75）收听广播

服务对象：城乡居民。

服务内容：提供广播节目和突发事件应急广播服务。

服务标准：提供不少于15套广播节目；在直播卫星公共服务覆盖地区，提供不少于17套广播节目。

支出责任：中央财政和地方财政共同承担支出责任。

牵头负责单位：广电总局、中央宣传部。

（76）观看电视

服务对象：城乡居民。

服务内容：提供电视节目服务。

服务标准：提供不少于15套电视节目；在直播卫星公共服务覆盖地区，提供不少于25套电视节目。

支出责任：中央财政和地方财政共同承担支出责任。

牵头负责单位：广电总局、中央宣传部。

（77）观赏电影

服务对象：中小学生、农村居民。

服务内容：为中小学生观看优秀影片提供保障服务。为农村群众提供数字电影放映服务。

服务标准：保障每名中小学生每学期至少观看2次优秀影片。每年国产新片（院线上映不超过2年）比例不少于1/3。

支出责任：中央财政和地方财政共同承担支出责任。

牵头负责单位：教育部、中央宣传部。

（78）读书看报

服务对象：城乡居民。

服务内容：公共图书馆（室）、文化馆（站）、行政村（社区）综合性文化服务中心、农家书屋等配备图书、报刊和电子书刊，并免费提供借阅服务；在城镇主要街道、公共场所、居民小区等人流密集地点设置公共阅报栏（屏），提供时政、"三农"、科普、文化、生活等方面的信息服务。

服务标准：按照文化和旅游部、中央宣传部等有关部门相关规定执行。

支出责任：中央财政和地方财政共同承担支出责任。

牵头负责单位：文化和旅游部、中央宣传部。

（79）少数民族文化服务

服务对象：主要少数民族地区居民。

服务内容：通过有线、无线、卫星等方式提供民族语言广播电视节目；提供民族语言文字出版的、价格适宜的常用书报刊、电子音像制品和数字出版产品；以铸牢中华民族共同体意识为主线，以民族团结进步为主题，提供优秀文艺作品，开展群众性文化活动，推动各民族文化交往交流交融。

服务标准：按照广电总局、文化和旅游部、中央宣传部等有关部门相关规定执行。

支出责任：中央财政和地方财政共同承担支出责任。

牵头负责单位：广电总局、文化和旅游部、中央宣传部。

22. 公共体育服务

（80）公共体育设施开放

服务对象：城乡居民。

服务内容：有条件的公共体育设施免费或低收费开放。

服务标准：按照《公共文化体育设施条例》《全民健身基本公共服务标准》《体育场馆运营管理办法》《公共体育场馆基本公共服务规范》等有关规定执行。

支出责任：中央财政和地方财政共同承担支出责任。

牵头负责单位：体育总局。

（81）全民健身服务

服务对象：城乡居民。

服务内容：提供科学健身指导、群众健身活动和比赛、科学健身知识等服务，免费提供公园、绿地等公共场所全民健身器材。

服务标准：按照《全民健身条例》《全民健身基本公共服务标准》等有关规定执行。

支出责任：中央财政和地方财政共同承担支出责任。

牵头负责单位：体育总局。